DIRECTION GÉNÉRALE DE L'ENREGISTREMENT DES DOMAINES ET DU TIMBRE

—

BUREAU CENTRAL

—

N° 2704

INSTRUCTION

Relative à l'exécution de la loi du 23 octobre 1884 sur les ventes judiciaires d'immeubles.

Du 3 *décembre* 1884.

Une loi du 23 octobre 1884, promulguée au *Journal officiel* du 25 (annexe ci-jointe), a été votée par le Parlement en vue de diminuer les frais des ventes judiciaires d'immeubles de peu d'importance. Elle autorise, à cet effet, la restitution des droits de timbre, d'enregistrement, de greffe et d'hypothèque perçus sur les actes de la procédure, lorsque la vente a lieu dans des conditions déterminées. Elle impose également aux agents de la loi qui ont coopéré à ces actes de procédure une réduction des émoluments alloués en taxe par le tarif du 10 octobre 1841.

L'application de la loi sera faite par le service d'après les dispositions suivantes qui ont été concertées avec l'administration de la justice.

I. *Caractère des ventes judiciaires.* — La loi du 23 octobre 1884 est spéciale aux ventes judiciaires d'immeubles, mais elle comprend sans exception toutes les ventes auxquelles il est procédé en vertu d'un ordre de justice conformément aux dispositions du Code civil ou du Code de procédure.

Ce caractère appartient notamment aux aliénations ci-après :

Vente sur saisie immobilière ou sur conversion de saisie ;

Vente de biens de mineurs, d'absents ou d'interdits ;

Vente à la suite de surenchère sur aliénation volontaire;

Vente de biens de successions vacantes ou de successions bénéficiaires;

Vente de biens dotaux ;

Vente de biens dépendant d'une faillite ;

Vente de biens compris dans une substitution, etc.

Ces procédures profitent du bénéfice de la loi dès qu'elles ont été autorisées par le tribunal. Mais il importe peu que l'adjudication ait lieu à l'audience des criées ou devant le notaire commis pour recevoir les enchères. L'officier public étant alors le délégué du tribunal, l'aliénation passée devant lui est considérée comme une vente judiciaire.

2. *Prix principal. — Charges.* — Aux termes de l'article 1er de la loi du 23 octobre 1884, le remboursement n'est accordé qu'aux ventes dont le *prix principal* d'adjudication ne dépasse pas 2,000 francs. L'expression de prix principal a été insérée dans la loi avec la signification qu'elle a dans l'article 708 du Code de procédure et afin d'exclure les charges accessoires qui constituent pour la perception de l'impôt une partie du prix, mais dont l'appréciation aurait pu soulever des difficultés de nature à retarder l'exécution du remboursement.

Le prix principal comprend donc toutes les sommes que l'acquéreur doit payer au vendeur ou à ses créanciers et autres ayants cause (Dalloz, v° Surenchère n° 324). Il comprend également les prestations, telles que rentes perpétuelles ou viagères qui tiennent lieu de tout ou partie du prix principal de l'aliénation.

Lorsque la valeur de ces prestations n'est pas déterminée dans le contrat ou dans les actes de la procédure, il appartient au tribunal ou au notaire commis d'en fixer le chiffre, en exécution du § 1er de l'article 4 de la loi. Mais cette fixation toute spéciale ne peut être invoquée au sujet de la liquidation du droit d'enregistrement qui continuera à être opérée conformément aux dispositions légales en vigueur.

Les charges qui restent en dehors de la fixation du prix principal sont toutes celles qui ne sauraient, à raison de leur caractère purement accessoire, être considérées comme une fraction réelle du prix. Telles sont les remises proportionnelles dues aux avoués, les centimes additionnels à payer au notaire, certains frais antérieurs à la charge des vendeurs, les impôts payés d'avance, etc. La question de savoir si une charge fait ou non partie du prix principal, sera résolue en premier ordre par le tribunal ou par le notaire commis, sauf le recours établi par l'article 4, § 1 de la loi.

Les charges proprement dites ne doivent pas servir à l'appréciation du prix principal. Par conséquent, si ce prix principal excède 2,000 francs, l'adjudication ne bénéficiera pas de la loi, alors même que les frais auraient été stipulés payables en déduction. Au contraire, si le prix ne dépasse pas 2,000 francs, le bénéfice de la loi est acquis à l'adjudication, quoique les frais soient payables en sus de ce prix.

Le prix principal étant déterminé conformément à l'article 708 du Code de procédure, sans égard aux dispositions spéciales de la loi sur l'enregistrement, il en résulte que si la vente judiciaire était faite avec réserve d'usufruit au profit du vendeur, il n'y aurait pas lieu d'ajouter au prix de la nue-propriété la moitié qui représente la valeur de l'usufruit (L. 22 frimaire, an VII, art. 15, n° 7.)

3. *Valeur des biens.* — Le prix principal déterminé par l'adjudication est la seule base autorisée pour l'application de la loi. Le bénéfice en serait acquis à l'aliénation, quoique des documents, tels qu'un procès-verbal d'expertise fissent connaître que la valeur vénale des biens vendus excède 2,000 francs.

4. *Même acte.* — Pour apprécier l'importance de la vente, la loi considère l'ensemble des immeubles exposés aux enchères par le même procès verbal. « Les lots mis en vente

par le même acte, porte l'article 1, § 2 de la loi, seront réunis pour le calcul du prix d'adjudication. »

Les biens appartenant au vendeur qui feraient l'objet d'une autre adjudication, ne pourraient donc pas être réunis aux immeubles de la première vente, lors même qu'ils auraient été compris dans les mêmes poursuites. Mais si plusieurs poursuites faites séparément à l'origine sont jointes avant la vente et aboutissent à un procès-verbal unique, c'est le résultat de la mise aux enchères de tous les lots qui déterminera le prix principal.

5. *Lots non adjugés. — Mise à prix.* — La valeur des lots non adjugés entre dans le calcul du prix pour leurs mises à prix (art. 1, § 2). Ce calcul est définitif. Lors même que les lots non adjugés seraient ultérieurement vendus moyennant un prix différent, c'est la mise à prix qui sert exclusivement à régler l'application de la loi au premier procès-verbal. Les prix ultérieurs ne sauraient modifier cette situation. Il est nécessaire, toutefois, que les lots non adjugés aient été eux-mêmes exposés aux enchères. S'ils étaient retirés avant l'adjudication, soit volontairement, soit par le résultat d'une demande en distraction, ou pour toute autre cause, il n'y aurait pas lieu d'en faire état et d'ajouter leurs mises à prix aux prix des biens adjugés.

Il peut arriver que, par suite de la distraction des lots non mis en vente et retirés avant l'adjudication, celle-ci bénéficie du remboursement applicable aux actes de la procédure. Ce remboursement ne doit pas alors, bien entendu, s'étendre aux droits qui concernent spécialement les lots retirés. Par exemple, lorsque ces lots ont fait l'objet d'une poursuite distincte dont la jonction a été prononcée, les frais de cette poursuite demeurent acquis au Trésor.

6. *Non adjudication. — Poursuite abandonnée.* — Dès que les biens ont été mis aux enchères, la loi est applicable au

procès-verbal, quoiqu'aucun d'eux n'ait été adjugé : la réunion des mises à prix détermine la somme qui sert de base à l'ordre de restitution.

Mais si la poursuite est abandonnée ou si la vente amiable est substituée à la vente judiciaire, la loi cesse de recevoir son exécution à l'égard des biens qui font l'objet de cette poursuite ou de cette vente.

7. *Revente des lots non adjugés.* — Aux termes du dernier alinéa de l'article 1er, « la vente ultérieure des lots non adjugés profite du bénéfice de la loi d'après les mêmes règles. »

Cette réadjudication est considérée isolément sans égard aux résultats de la vente antérieure. Le procès-verbal de réadjudication tombera sous l'empire de la loi de la même manière que si les biens n'avaient jamais été mis aux enchères. Le remboursement aura lieu ou sera refusé, selon que ce procès-verbal réunira ou non, par lui-même, les conditions de l'article 3.

Lorsque la mise à prix des lots invendus réunie au prix des lots adjugés ne dépasse pas 2,000 francs, le remboursement s'étend à tous les droits de la procédure, même à ceux des actes relatifs aux biens non adjugés. Si ces derniers biens font l'objet d'une réadjudication tombant aussi sous l'application de la loi, il est essentiel de ne pas ordonner de nouveau la restitution des droits antérieurement restitués. L'ordre de remboursement doit être limité aux droits des actes relatifs à la seconde adjudication.

De même si, après avoir été compris dans une adjudication dont le prix excède 2,000 francs, un lot non vendu est remis en adjudication et vendu moyennant un prix ne dépassant pas 2,000 francs, la restitution ne doit s'appliquer qu'aux actes de la seconde procédure. Les droits qui ont été perçus à l'occasiou de la première demeurent acquis au Trésor.

8. *Meubles et immeubles.* — La loi du 23 octobre 1884 ne

s'applique qu'aux ventes judiciaires d'immeubles. Par conséquent, si un procès-verbal d'adjudication comprenait des immeubles et des meubles vendus pour un seul prix, le tribunal ou le notaire commis aurait à procéder à la ventilation nécessaire pour formuler l'ordre de remboursement. Mais cette ventilation demeurerait sans influence sur la liquidation du droit d'enregistrement qui resterait soumise aux dispositions spéciales de l'article 9 de la loi du 22 frimaire an VII.

9. *Incidents de la vente.* — L'article 2, § 1, de la loi étend le bénéfice de la restitution à trois espèces d'incidents qui se produisent fréquemment dans les ventes judiciaires d'immeubles : les incidents de subrogation, de surenchère et de folle enchère. Cette énonciation est limitative. Elle ne comprend aucune des autres procédures accessoires auxquelles peut donner lieu la poursuite, par exemple, les demandes en distraction, les instances en nullité d'exploits. Ce sont là autant de procédures distinctes qui restent sous l'empire du droit commun et ne sauraient entrer en compte pour le calcul des droits à restituer.

La procédure de subrogation, ayant pour effet de substituer un poursuivant à un autre, n'a aucune influence directe sur la détermination du prix de la vente. Elle ne profite de la loi que quand l'adjudication à laquelle elle se rapporte peut elle-même en bénéficier.

La folle enchère remet en question le prix de la vente antérieure. C'est une aliénation nouvelle qui doit être, pour l'application du remboursement, considérée isolément et sans être attaché à la première adjudication. Si le prix de la folle enchère, déterminé conformément à l'article 1er de la loi, dépasse 2,000 francs, la procédure de l'incident n'est pas régie par la loi du 23 octobre 1884, quoique le prix de la vente antérieure ait été inférieur à ce chiffre et que cette vente ait bénéficié de la loi. Si, au contraire, le prix de la folle enchère ne dépasse pas 2,000 francs, les actes de la procédure relatifs à l'incident profitent des dispositions de la loi nouvelle, bien que la vente antérieure n'en ait pu bénéficier. Dans un cas comme dans l'autre, les résultats de la folle enchère ne peuvent réagir sur la vente primitive.

Quant aux incidents de surenchère, il y a lieu de distinguer. Les surenchères qui, suivant les explications ci-après (n° 10), restent sans influence sur le prix de la vente surenchérie, doivent être traitées comme les folles enchères. Ces incidents profitent ou non des dispositions de la loi nouvelle, selon que par eux-mêmes ils remplissent ou non les conditions prévues, sans égard aux résultats de l'adjudication antérieure. Mais il en est autrement des surenchères qui, d'après la loi elle-même, servent à fixer le prix définitif de l'adjudication primitive. Ces surenchères, en effet, se relient intimement alors à la premièré vente, et on doit en combiner les résultats avec ceux de la vente pour appliquer la loi du 23 octobre 1884, tant à la vente qu'à l'incident de surenchère. En conséquence, si une vente, dont le prix principal n'a pas excédé 2,000 francs, est l'objet d'une surenchère qui porte ce prix à un chiffre supérieur, ni la vente, ni l'incident ne peuvent bénéficier du remboursement. Il en est de même si la surenchère dont il s'agit a seulement porté sur l'un ou quelques-uns des lots réunis pour la fixation du prix en exécution de l'article 1er, § 2, de la loi. Dès lors que, par le résultat de cette surenchère partielle, le prix de la nouvelle adjudication, ajouté au prix des autres lots adjugés et aux mises à prix des lots invendus, dépasse la somme de 2,000 francs, la loi n'est applicable ni à la première vente, ni à la procédure de surenchère.

Tous les incidents de subrogation, de surenchère ou de folle enchère ne sont pas visés par la loi. On n'y saurait faire entrer que ceux dont les dépens sont employés en frais de vente. Souvent, en effet, ces dépens sont mis par le tribunal à la charge personnelle, soit du saisissant qui conteste à tort la subrogation, soit du demandeur dont la poursuite est rejetée. En pareil cas, les frais de l'incident ne font pas réellement partie de la poursuite de vente. Ils demeurent acquis au Trésor.

10. *Prix définitif.* — En droit, le prix de l'adjudication n'est pas définitif tant qu'il peut être modifié par la surenchère ou par la folle enchère. La surenchère est ouverte : 1° au profit de toute personne dans les huit jours de l'adjudication qui a lieu à la suite d'une saisie immobilière après l'accomplissement de toutes les formalités prescrites (art. 708 C. proc.), ou sur l'autorisation de justice à la demande des parties majeures (art. 743 C. proc.), ou encore après la vente de biens appartenant à des mineurs (art. 965 C. proc.), de biens licités (art. 973 C. proc.) ou dépendant de successions bénéficiaires (art. 988 C. proc.), de biens dotaux aliénés en conformité de l'article 1558 du Code civil (art. 997 C. proc.), ou enfin de biens dépendant d'une succession vacante (art. 1001 C. proc.) ; 2° au profit de toute personne dans les quinze jours de l'adjudication des immeubles d'un failli sur la poursuite des syndics (art. 573 C. comm.) ; 3° au profit des créanciers inscrits dans le délai de quarante jours à partir de la notification faite par le nouveau propriétaire qui veut purger les hypothèques (art. 2185 C. c.). La folle enchère peut être demandée contre l'acheteur pour défaut d'exécution des clauses de l'adjudication (art. 733 C. proc.). Cette action est ouverte pendant trente ans (art. 2262 C. c.).

La loi du 23 octobre 1884 n'exige pas, pour rendre le prix définitif à l'égard du remboursement des droits, que le délai de ces diverses voies de recours soit expiré. Elle limite la justification à la surenchère de huitaine prévue par les articles 708 et 965 du Code de procédure et à celle de quinzaine autorisée par l'article 573 du Code de commerce. Mais, bien que le texte fasse seulement mention des deux surenchères de huitaines et de quinzaine réglées pour les ventes sur saisie immobilière et les ventes de biens de mineurs, ou les ventes des immeubles d'un failli, la disposition doit être étendue, par voie d'analogie, aux surenchères intervenues dans les mêmes délais au sujet de procédures identiques, telles que celles des articles 743, 973, 988, 997 et 1001 du Code de procédure civile.

Les autres surenchères et la folle enchère restent sans influence sur la fixation définitive du prix. Par conséquent, la restitution devrait être opérée au moment où elle est requise quoique ces voies de recours soient exercées et quoique même elles aient abouti à une nouvelle adjudication fixant le prix principal à un chiffre supérieur à 2,000 francs. A l'inverse, si le prix de l'adjudication primitive a dépassé 2,000 francs, l'acte ne bénéficiera pas de la loi, alors même que, plus tard, le prix de la nouvelle adjudication resterait inférieur à ce chiffre. Cette seconde procédure seule, considérée comme une nouvelle vente judiciaire, profiterait des dégrèvements si elle remplissait d'ailleurs les autres conditions imposées par la loi.

11. *Adjudication et actes postérieurs.* — Aux termes de l'article 3, § 1, de la loi, les droits à restituer sont ceux des actes rédigés en exécution de la loi pour parvenir à l'adjudication.

Le jugement ou le procès-verbal d'adjudication restent assujettis à la règle générale, de même que tous les actes postérieurs tels que les déclarations de command, la quittance du prix, etc., autres que les incidents prévus par le paragraphe 1er de l'article 2 de la loi.

12. *Actes antérieurs.* — Deux conditions sont nécessaires pour que les actes antérieurs à la vente profitent du bénéfice du remboursement.

La première, c'est qu'ils aient été rédigés en exécution de la loi. Il y a donc lieu d'exclure de la restitution les droits perçus sur des actes frustratoires ou reconnus inutiles à la poursuite de vente, notamment les actes annulés pour vice de forme.

La seconde condition est que les actes aient été rédigés pour parvenir à l'adjudication. Si des procédures avaient un but ou un effet différent, si, par exemple, les actes renfermaient des dispositions étrangères à la vente, ils resteraient pour ce motif assujettis aux tarifs ordinaires et le remboursement ne pourrait être autorisé. Il faut ranger dans cette catégorie notamment les actes auxquels peuvent donner lieu tous les incidents autres que ceux nominativement prévus par le 1er paragraphe de l'article 2 de la loi du 23 octobre 1884.

Quant aux frais étrangers à la poursuite de vente, il constituent, lorsqu'ils sont imposés à l'acquéreur, une charge du prix et ils peuvent, suivant l'observation faite ci-dessus (n° 2), entrer dans le calcul du prix principal à déterminer par le tribunal.

13. *Licitations.* — Des dispositions particulières ont été édictées au sujet des licitations.

Celles qui ont lieu entre majeurs pour faire cesser l'indivision sont des aliénations volontaires. « La loi, porte le rapport fait à la Chambre des députés le 27 décembre 1880, ne permet pas aux parties, dans ce cas, une vente judiciaire (827 C. c., et 743 C. proc.). Si elles ne sont pas toutes d'accord soit sur la cessation immédiate de l'indivision, soit sur le lotissement, la mise à prise et les conditions de la vente, c'est un procès comme un autre qui est soumis aux règles de la procédure ordinaire. » La vente ne peut donc pas profiter du bénéfice de la loi.

Il en est autrement quand la licitation intéresse des mineurs. Soit qu'elle ait lieu dans les formes ordinaires, soit qu'elle s'opère conformément à l'article 2, § 2, de la loi du 23 octobre 1884, l'adjudication rentre dans la catégorie des ventes judiciaires proprement dites. Il y a lieu de lui en appliquer les dispositions.

La loi est limitée au cas où les mises à prix ne dépassent pas 2,000 francs. Il appartiendrait aux tribunaux d'apprécier si ces mises à prix sont sérieuses ou si elles n'ont pas été abaissées abusivement pour profiter du bénéfice de la loi.

L'article 2, § 2, de la loi dispense de produire l'avis du conseil de famille, lorsque la vente a été provoquée par les majeurs. La même règle paraît applicable quand un accord préalable pour commencer la procédure est intervenu entre les majeurs et les représentants des mineurs.

Une règle spéciale a été édictée pour le cas où la licitation est incidente aux opérations de liquidation et de partage. Cette licitation fait partie d'une procédure générale ayant pour objet de liquider un ensemble de valeurs mobilières ou immobilières, de régler la situation des communistes au sujet de leurs reprises, rapports et autres droits individuels. Il est évident que le bénéfice de la restitution ne peut s'appliquer à toute cette procédure. Elle doit être limitée aux frais de l'incident de la licitation. Ainsi que le constate le rapport précité, « l'immeuble à liciter profitera de la réduction de la loi nouvelle dans cette partie incidente de la procédure. Mais la procédure antérieure à la vente applicable aux opérations de compte, liquidation et partage, ainsi que celle postérieure pour leur homologation, resteront soumises aux dispositions générales du Code de procédure. » Afin de prévenir toute difficulté à cet égard, l'article 2, § 3, décide que la restitution ne s'étendra qu'aux droits du cahier des charges et des actes postérieurs rédigés avant l'adjudication. Cette restitution ne s'effectuera d'ailleurs que dans les conditions requises au sujet des ventes ordinaires, lorsque les actes auront exclusivement pour objet la procédure de licitation et que le prix calculé comme en l'article 1er ne dépassera pas 2,000 francs.

14. *Droits à restituer.* — La restitution comprend tous les droits perçus sur les actes de la procédure. Elle embrasse, suivant le texte de l'article 3, § 1, de la loi nouvelle, « les

sommes payées au Trésor public pour droit de timbre, d'enregistrement, de greffe et d'hypothèques. » Il n'est fait aucune exception en ce qui concerne le droit de timbre, et le remboursement doit comprendre, dès lors, l'intégralité du prix des feuilles de papier de la débite, saus aucune retenue pour le coût de la fabrication.

15. *Droits non perçus.* — La loi prévoit le cas du remboursement des droits payés, parce que c'est le plus ordinaire. Mais le même principe conduit à reconnaître que, si les droits n'avaient pas encore été perçus au moment du procès-verbal, la déclaration régulière que le bénéfice de la loi est acquis à la vente s'opposerait à ce que le versement en fût exigé.

16. *Amendes et droits en sus.* — La loi ne concerne d'ailleurs que les droits simples représentaut le salaire de la formalité. Les amendes ou les droits en sus encourus à l'occasion des actes de la procédure ne profitent pas du bénéfice de la restitution.

17. *Salaires du conservateur.* — La restitution ne saurait non plus être étendue aux salaires dus aux conservateurs des hypothèques, ni aux droits de recherche établis au profit des receveurs. D'une part, le texte de l'article 5 est spécial aux droits payés au Trésor public. D'un autre côté, les seuls agents de la loi passibles de la réduction des émoluments sont les avoués, huissiers, greffiers et notaires. La déclaration en a été faite à plusieurs reprises dans les documents parlementaires qui ont précédé le vote de la loi. (*Exposé des motifs des projets de loi des* 17 *mai* 1876 *et* 14 *janvier* 1878.)

18. *Déclaration du tribunal ou du notaire commis.* — Lorsque la vente réunit les conditions exigées, le jugement ou le procès-verbal d'adjudication du notaire commis doit constater que le bénéfice de la loi est acquis. C'est là pres-

cription formelle de l'article 4 § 1 de la loi du 23 octobre 1884. En l'absence de cette déclaration, le remboursement ne pourrait pas avoir lieu. La déclaration est faite par le tribunal ou par le notaire délégué. Si elle est contenue dans un jugement, elle doit émaner du tribunal tout entier, et non pas seulement du président ou du greffier. Elle doit être insérée dans le contexte même du jugement ou du procès-verbal dont elle forme, suivant l'article 4, une « disposition. » En cas d'omission, il ne pourrait y être supplée, puisque, suivant le texte précis de la loi, l'ordre de restitution ne constituerait plus alors une *disposition* même du jugement ou du procès-verbal d'adjudication.

19. *Ordre de restitution.* — Le tribunal ou le notaire commis sont, en outre, chargés par la loi (art. 4, § 1) de déterminer exactement le montant des droits à restituer et d'ordonner ce remboursement. Ce calcul sera établi facilement d'après les états taxés qui accompagnent le procès-verbal d'adjudication et qui, d'après l'article 3, § 3, de la loi, doivent indiquer distinctement le montant de ces droits. Mais il n'est pas nécessaire que l'ordre de restitution soit nominativement assigné sur le bureau chargé de l'enregistrement de la vente. La compétence exclusive de ce bureau résulte formellement du paragraphe 2 de l'article 3 de la loi.

20. *Opposition.* — *Intéressés.* — La déclaration du tribunal ou du notaire que le bénéfice de la loi est applicable à la vente, la fixation des sommes à restituer et l'ordre de remboursement, sont susceptibles d'opposition de la part des intéressés. Ces intéressés sont tous ceux auxquels la décision peut faire grief, notamment l'Administration de l'enregistrement, les agents de la loi, le poursuivant, le vendeur et les divers intervenants à la procédure.

L'opposition doit être formée dès qu'il apparait que la loi a été indûment appliquée à la vente, soit parce que celle-ci ne constitue pas une vente judiciaire, soit parce que le prix a été mal calculé, soit parce que des erreurs ont été commises dans la fixation du chiffre de la restitution. Les appréciations du tribunal ou de son délégué ont été soumises sur ce point par la loi au contrôle des agents de perception. Ceux-ci exerceront ce droit avec la vigilance nécessaire pour garantir les intérêts du Trésor. Mais ils éviteront soigneusement de soulever des contredits non justifiés, afin de ne pas retarder mal à propos les remboursements.

21. *Délai de l'opposition.* — L'opposition à l'ordre de restitution doit être formée, suivant l'article 4, § 2, de la loi, dans les trois jours à compter de l'enregistrement de l'acte de vente. Ce délai est franc. Le jour de l'enregistrement n'est pas compté et si le troisième jour est férié, le délai est reporté au lendemain (Art. 1033, C. proc.).

Le délai de trois jours ne court qu'à partir de l'enregistrement effectif de l'acte ou du jugement, parce que c'est dès ce moment que la restitution doit avoir lieu. L'opposition ne pourrait donc être utilement formée pendant la période qui s'écoule entre la date du jugement et celle de la formalité. Il en résulte que si l'enregistrement est retardé au delà du délai légal par le greffier ou par le notaire, ou si le receveur refuse de donner la formalité à défaut de consignation suffisante ou des déclarations ordonnées par l'article 16 de la loi du 22 frimaire an VII, le délai d'opposition se trouve suspendu. Nulle signification extrajudiciaire ne peut le faire courir contre l'Administration.

22. *Forme et procédure de l'opposition.* — L'opposition sera formée et jugée comme en matière d'opposition à taxe. Les formalités de cette procédure sont indiquées par le décret du 16 février 1807 sur la liquidation des dépens. En règle générale, l'opposition est procédée d'une signification faite aux avoués des parties intéressées et elle est introduite par voie

de citation en chambre du conseil. L'avoué poursuivant ayant été désigné par l'article 4, § 2, de la loi nouvelle comme le bénéficiaire de la restitution, c'est à lui seul que la signification et la sommation de comparaître doivent être notifiées.

Le tribunal compétent est celui qui a prononcé la déclaration et l'ordre de remboursement, ou, en cas de vente par notaire commis, celui qui a désigné cet officier public. La procédure a lieu devant la chambre du conseil, sans requêtes, ni écritures. Mais les plaidoiries y sont autorisées. La loi, ayant décidé d'une manière générale que l'opposition serait jugée comme en matière d'opposition à taxe, se réfère par conséquent à la procédure ordinaire et exclut implicitement les dispositions de l'article 65 de la loi du 22 frimaire an VII. L'Administration ne saurait donc revendiquer le bénéfice de l'instruction écrite ; elle doit se faire représenter par un avoué. Le tribunal en chambre du conseil statue souverainement. Aucune disposition sur le fond n'étant engagée par le débat, le jugement n'est pas susceptible d'appel. Le recours en cassation est seul admis. (Décret du 16 février 1807, art. 6.) De même que, dans les autres instances civiles, ce recours en cassation n'est pas suspensif.

L'article 4 de la loi nouvelle porte que les procédures relatives à l'opposition auront lieu sans frais. Tous les actes seront donc dispensés du timbre, et enregistrés gratis quand il y aura lieu à l'enregistrement. Ils ne donneront lieu à aucun émolument de la part des agents de la loi. Par conséquent, aucune condamnation aux dépens ne saurait être prononcée contre celui qui succombe dans la procédure.

A raison de l'urgence, les receveurs n'auront pas à consulter le Directeur pour introduire l'opposition. Ils pourront également défendre sans autorisation, quand la question ne présentera pas de difficultés particulières. Ils devront rendre compte au Directeur des résultats de la procédure. Les receveurs des actes judiciaires représenteront leurs collègues des autres cantons, lorsque l'opposition concernera un procès-verbal d'adjudication passé devant un notaire commis qui ne résiderait pas dans la ville où siège le tribunal.

23. *Restitution. — Justification.* — S'il n'y a pas eu d'opposition, ou si l'opposition a été régulièrement vidée, l'ordre de remboursement peut recevoir son exécution. Mais certaines justifications doivent précéder la remise des derniers.

Il est nécessaire, d'abord, que l'avoué poursuivant dépose au receveur qui a enregistré le jugement ou le procès-verbal d'adjudication, un extrait de l'ordre de restitution. Cet extrait délivré par le greffier ou par le notaire commis, doit contenir toutes les énonciations propres à justifier le remboursement, à savoir : la déclaration que le bénéfice de la loi est acquis à la vente, le montant de la somme à payer et l'injonction de rembourser. L'extrait est délivré sans frais sur papier non timbré et il est dispensé d'enregistrement. Le dépôt de l'extrait pouvant avoir lieu après l'enregistrement de la vente, c'est-à-dire quand le procès-verbal et les pièces annexées ont été rendus aux parties, il importe que, sans attendre la remise dont il s'agit, les comptables opèrent, lors de l'enregistrement du procès-verbal, les vérifications nécessaires, afin de constater la régularité de l'ordre de restitution, spécialement qu'ils s'assurent de la concordance des frais compris dans l'état taxé avec le montant de l'ordre de remboursement.

24. *Restitution. — Opposition.* — Il y a lieu ensuite de justifier au receveur qu'il n'a été formé aucune opposion de la part des intéressés ou que, s'il en a été signifié, elles sont devenues sans effet.

Lorsqu'il n'y a pas eu d'opposition, cette preuve résulte d'un certificat délivré par le greffier du tribunal qui a ordonné le remboursement ou commis le notaire. Lorsqu'une opposition a été levée par un jugement, il est produit un extrait constatant cette mainlevée. Enfin, en cas de désistement de l'opposition, le fait est également constaté par l'attestation du greffier. Tous ces certificats doivent être donnés sans frais et sur papier non timbré.

25. *Restitution. — Surenchère.* — D'après l'article 3, § 1er, de la loi du 23 octobre 1884, le bénéfice de la loi n'est acquis que quand le prix est devenu définitif par l'expiration du délai des surenchères de huitaine et de quinzaine prévues par les articles 708 et 965 du Code de procédure et 573 du Code de commerce (v. n° 10). Il est donc indispensable de justifier au receveur de l'accomplissement de cette condition. L'avoué poursuivant lui remettra, à cet effet, un certificat délivré également sans frais par le greffier du tribunal du lieu de la vente et constatant qu'à l'expiration des délais ci-dessus, aucune surenchère n'avait été formée.

26. *Délai de la restitution.* — Lorsque toutes les justifications précédentes ont été rapportées, le receveur chargé de l'enregistrement doit exécuter l'ordre de renboursement. L'article 4, § 2 énonce que la restitution doit avoir lieu dans les 23 jours de la vente. Mais, ainsi que le rapporteur de la loi l'a expliqué dans la séance de la chambre des députés du 16 octobre 1884, cette date ne saurait être prise d'une manière absolue. La loi a parlé du cas le plus ordinaire où le jugement d'adjudication est présenté à l'enregistrement dans les 20 jours de sa date, et où, par conséquent, le délai d'opposition de 3 jours constitue une période utile de 23 jours. Mais il peut arriver qu'en raison notamment de l'existence de jours fériés, le jugement ne soit présenté à l'enregistrement qu'après le 20e jour de sa date. Dans cette hypothèse, les trois jours accordés aux intéressés pour former opposition peuvent conduire au delà des 23 jours fixés par le texte de l'article 4. Ce n'est évidemment que quand le délai d'opposition est expiré, que le receveur peut être contraint d'opérer la restitution. Les explications du rapporteur ne laissent aucun doute sur ce point. Les énonciations de l'article 4, § 2, ne doivent être considérées que comme se référant *eo quod plerumque fit.*

27, *Payement à l'avoué poursuivant.* — Le remboursement est effectué entre les mains de l'avoué poursuivant. S'il y en a plusieurs, c'est le plus diligent qui doit être préféré. La restitution ne peut pas être opérée partiellement entre chacun d'eux. En cas de décès ou de cession de l'office, l'avoué poursuivant est remplacé par son successeur ou par celui qui continue en son nom la procédure. Peu importe que le tribunal ait prononcé la distraction des depens au profit d'un autre officier ministériel. Les termes de la loi sont précis et confient au poursuivant le soin de recevoir le remboursement.

28. *Décharge.*— L'avoué poursuivant donne au receveur une décharge qui n'a pas été exemptée du timbre, et comme elle n'a pas pour objet une restitution de droits perçus à la suite d'une erreur dont l'Administration doit la réparation, l'exigibilité du timbre est justifiée par les dispositions de la loi générale.

29. *Emploi en dépense — Remises.* — Les sommes remboursées seront immédiatement portées en dépense sous le titre : *Restitution de droits. Ventes judicaires.* Mais elles ne seront pas déduites du montant des recettes passibles de la remise. Il sera fait mention de la restitution en marge de l'enregistrement du jugement ou du procès-verbal d'adjudication. Les pièces justificatives de chaque payement (extrait de l'ordre de restituion, certificats du greffier, extrait du jugement de mainlevee des oppositions, décharge de l'avoué) seront envoyées chaque mois, ayec l'inventaire des pièces de dépenses, au Directeur. Ce dernier délivrera dans le courant du mois de décembre de chaque année, pour chaque bureau, un mandat unique auquel sera annexé un état récapitulatif des remboursements opérés pendant l'année, ainsi que toutes les pièces justificatives des payements partiels. Ces dispositions feront d'ailleurs l'objet d'instructions spéciales de la part du service de la Comptabilité publique.

30. *Prescription.* — Le projet de loi présenté par le Gouvernement, le 14 janvier 1878, renfermait une disposition portant que la demande en restitution devrait être faite dans les deux ans de l'enregistrement du procès-verbal d'adjudication. Cet article, qui soumettait l'action du poursuivant à la prescription biennale, n'a pas été maintenu. Il y a donc lieu de faire à la créance du poursuivant, l'application de la règle générale relative aux créances sur l'État et d'après laquelle le délai de la restitution est de cinq ans à partir de l'ouverture de l'exercice auquel appartient la restitution ordonnée. (L. 29 janvier 1884, art. 9.)

La loi du 23 octobre 1884 ne renferme aucune limitation de délai en ce qui concerne la restitution des droits perçus sur les actes de la procédure. Quoique la perception remonte à plus de deux ans au moment de l'adjudication, la prescription biennale établie par l'article 61 de la loi du 22 frimaire an VII ne saurait être invoquée : elle se trouve abrogée par les dispositions générales et absolues de l'art. 3, § 1er de la loi nouvelle.

31. *Effet limité de la loi.* — La dispense d'impôt accordée par voie de restitution aux actes de la procédure est spéciale à la poursuite de vente. Il est certain que ces actes ne sauraient être utilisés à d'autres fins et que, dans ce dernier cas, les droits redeviendraient exigibles. Telle serait notamment l'hypothèse où un cahier des charges, comprenant des lots retirés de la vente et d'autres lots vendus par un procès-verbal tombant sous l'application de la loi, servirait plus tard à la mise aux enchères des lots retirés de la première adjudication et serait suivi d'une vente dont le prix principal dépasserait 2,000 francs. Le droit restitué sur le cahier des charges deviendrait alors recouvrable. Il appartiendra au service de constater ces faits par les moyens dont il dispose d'en assurer la répression.

32. *Employés supérieurs.* — Les employés supérieurs trouveront les états de frais annexés aux jugements ou aux pro-

cès-verbaux d'adjudication. Ils s'assureront qu'aucune somme n'a été restituée en dehors des cas prévus et ils rendront compte de leurs investigations dans leur rapport sur la gestion des comptables.

33. *Date de l'exécution de la loi.* — Les dispositions nouvelles ne sont applicables qu'aux ventes judiciaires d'immeubles dont la poursuite n'était pas commencée avant la promulgation de la loi.

34. *Statistique.* — Les directeurs feront connaître sommairement à l'Administration, dans l'état comparatif des produits de chaque année, après l'indication des causes générales des augmentations et des diminutions, comment la loi du 23 octobre 1884 a été exécutée, et à quel chiffre se sont élevées les restitutions effectuées pendant chaque exercice.

Le Directeur général de l'Enregistrement,
des Domaines et du Timbre,

E. BOULANGER.

ANNEXE

LOI DU 23 OCTOBRE 1884

SUR LES VENTES JUDICIAIRES D'IMMEUBLES

Promulguée au *Journal officiel* du 25 octobre 1884.

LE SÉNAT ET LA CHAMBRE DES DÉPUTÉS ONT ADOPTÉ,

LE PRÉSIDENT DE LA RÉPUBLIQUE promulgue la loi dont la teneur suit :

ARTICLE PREMIER.

§ 1er. Les ventes judiciaires d'immeubles dont le prix principal d'adjudication ne dépassera pas deux mille francs (2,000 fr.) seront l'objet des dégrèvements prévus aux articles 3 et 4 de la présente loi.

§ 2. Les lots mis en vente par le même acte seront réunis pour le calcul du prix d'adjudication, et la valeur des lots non adjugés entrera dans ce calcul pour leurs mises à prix.

La vente ultérieure des lots non adjugés profitera du bénéfice de la loi, d'après les mêmes règles.

ART. 2.

§ 1er. Le bénéfice de la présente loi s'applique à toutes les ventes judiciaires d'immeubles de la valeur constatée, comme il est dit en l'article 1er, ainsi qu'à leurs incidents de subrogation, de surenchère et de folle enchère.

§ 2. Dans les procédures n'ayant d'autre objet que la vente sur licitation, si les immeubles à liciter, dont les mises à prix seront inférieures à 2,000 francs, appartiennent indivisément à des mineurs ou incapables et à des majeurs, ces derniers pourront se réunir aux représentants de l'incapable pour que la vente ait lieu sur requête, comme si les immeubles appartenaient seulement à des mineurs. L'avis du conseil de famille ne sera pas nécessaire, lorsque la vente sera provoquée par les majeurs.

§ 3. Dans les procédures où la licitation est incidente aux opérations de liquidation et partage, le bénéfice de la présente loi sera acquis à tous les actes nécessaires pour parvenir à l'adjudication, à partir du cahier des charges inclusivement; les frais antérieurs ne seront pas employés en frais de vente.

Art. 3.

§ 1er. Lorsque le prix d'adjudication, calculé comme il est dit en l'article 1er, ne dépassera pas deux mille francs (2,000 fr.) et sera devenu définitif par l'expiration du délai de la surenchère (prévue par les articles 708 et 965 du Code de procédure civile, et 573 du Code de commerce), toutes les sommes payées au Trésor public pour droit de timbre, d'enregistrement, de greffe et d'hypothèques, applicables aux actes rédigés en exécution de la loi pour parvenir à l'adjudication, seront restituées ainsi qu'il est stipulé dans l'article 4 ci après.

§ 2. Lorsque le prix d'adjudication ne dépassera pas mille francs (1,000 fr.), les divers agents de la loi subiront une réduction d'un quart sur les émoluments à eux dus et alloués en taxe, conformément au tarif du 10 octobre 1841.

§ 3. L'état des frais de poursuite sera dressé par distinction entre les droits du Trésor et ceux des agents de la loi; il sera taxé et annexé au jugement ou au procès-verbal d'adjudication.

ART. 4.

§ 1er. Le jugement ou le procès-verbal d'adjudication constatera que le bénéfice de la présente loi est acquis à la vente, si le prix d'adjudication ne dépasse pas deux mille francs (2,000 fr.). Il ordonnera la restitution par le Trésor public des sommes à lui payées pour les causes énoncées en l'article 3, lesquelles devront être retranchées de l'état taxé; et de plus, il réduira d'un quart les émoluments des agents de la loi compris en l'état, si le prix d'adjudication est inférieur ou égal à mille francs (1,000 fr.). La disposition du jugement ou du procès-verbal d'adjudication relative à la fixation des droits à restituer sera susceptible d'opposition pendant trois jours, à compter de l'enregistrement de l'acte de vente, de la part des intéressés. Cette opposition sera formée et jugée comme en matière d'opposition à taxe. S'il n'y a pas eu d'opposition, il en sera justifié par un certificat du greffier; en cas de jugement rendu sur l'opposition, il sera produit un extrait de ce jugement; le tout aura lieu sans frais.

§ 2. Le receveur de l'enregistrement qui procédera à l'enregistrement du jugement ou du procès-verbal d'adjudication, restituera à l'avoué poursuivant, sur sa simple décharge et sur la remise d'un extrait délivré sans frais de l'ordre de restitution, le tout dans les vingt-trois jours de cette adjudication, les sommes perçues par le Trésor public et comprises en l'état taxé.

§ 3. Le greffier du tribunal ou le notaire délégué pour la vente délivrera à l'adjudicataire un extrait suffisant pour la transcription de son titre, et au vendeur, mais seulement dans le cas de non-payement du prix ou de non-exécution des conditions de l'adjudication, un extrait en la forme exécutoire.

ART. 5.

Le tribunal devant lequel se poursuivra une vente d'immeuble dont la mise à prix sera inférieure à deux mille francs (2,000 fr.), pourra par le jugement qui doit fixer les jours et les conditions de l'adjudication, ou par le jugement qui autorisera la vente, ordonner : 1° que les placards et insertions ne contiendront qu'une désignation très sommaire des immeubles ; le prix des insertions sera de la moitié de celui fixé pour les autres ventes judiciaires ; 2° que les placards seront même manuscrits et apposés, sans procès-verbal d'huissier, dans les lieux que le tribunal indiquera, et ce, par dérogation à l'article 699 du Code de procédure civile.

ART. 6.

Les dispositions de la présente loi ne pourront être appliquées qu'aux ventes judiciaires d'immeubles dont la poursuite ne serait pas commencée avant sa promulgation.

ANGERS, IMP. BURDIN ET Cie, RUE GARNIER, 4

www.ingramcontent.com/pod-product-compliance
Ingram Content Group UK Ltd.
Pitfield, Milton Keynes, MK11 3LW, UK
UKHW032036260826
14628UKWH00007B/3001

9 782014 115871